CRÉATION PlayBac

Spécial été

DU CE1 AU CE2

8 ans

9782809645248

W0270551

360 QUESTIONS

Les incollables

Français

Calcul

Vocabulaire

Histoire

Géographie

Géométrie
Mesures
Technologie

Sciences
Nature

Voyages
Langues

Divertissement

Questions

Combien y a-t-il de R dans le mot « arbre » ?

Combien y a-t-il de pots de glace dans 6 paquets s'il y a 4 pots par paquet ?

Quel est le masculin du mot « aviatrice » ?

Combien y a-t-il de jours dans une année ?

Comment appelle-t-on le point où 2 droites se coupent ?

Qui signe d'un Z avec la pointe de son épée ?

Réponses

J'égoutte les pâtes.

7.

Être très à l'aise dans
la situation où l'on se trouve.

Salée.

Faux (certains, comme
la caille, le construisent
sur le sol).

Grand ou gros.

Réponses

2 (a**r**b**r**e).

24.

Aviateur.

365 (366 les années bissextiles).

Le point d'intersection.

Zorro.

Questions

Corrige la phrase :
« Je dégoutte les pâtes. »

Il y avait 9 parts de gâteau.
Quelqu'un en a mangé 2.
Combien en reste-t-il ?

Que signifie l'expression
« être comme un poisson
dans l'eau » ?

L'eau de l'océan Atlantique
est-elle douce, sucrée
ou salée ?

Vrai ou faux ? Tous
les oiseaux bâtissent
leur nid dans les arbres.

Que signifie le mot
anglais *big* ?

Questions

Corrige la phrase : « A s'écrit avec
pas d'accent quand c'est un verbe

Héloïse a 12 ans,
elle a trois ans
de plus que David.
Quel âge a David ?

En 8 lettres : endroit où
l'on va pour prendre l'avion.

En quelle année le métro
est-il apparu à Paris :
1850, 1900 ou 1950 ?

À quelle heure finira
un cours de natation de
quarante-cinq minutes s'il
commence à 16 heures ?

Qui est Simplet ?

Réponses

I (re**i**ne).

33, 38, 43...
(on compte de 5 en 5).

Le médecin.

Le cheval.

Droits.

Faux (c'est une tortue).

Réponses

A s'écrit **sans** accent quand c'est un verbe.

9 ans.

Aéroport.

1900.

À 16 h 45.

Un des 7 nains dans *Blanche-Neige*.

Questions

Quelle est la troisième lettre du mot « reine » ?

Continue cette suite de nombres : 18, 23, 28…

Qui se sert d'un stéthoscope : le dentiste, le médecin ou le menuisier ?

Autrefois, quel animal était le moyen de transport le plus utilisé ?

Les traits tracés avec une règle sont-ils droits ou courbes ?

Vrai ou faux ? Dans la bande dessinée *Boule et Bill*, Caroline est une chouette.

Questions

Vrai ou faux ? Une virgule peut marquer la fin d'une phrase.

Léa a 16 pièces de 2 € dans son porte-monnaie. Combien d'argent possède-t-elle ?

Comment appelle-t-on un rêve qui fait très peur ?

Comment appelle-t-on la personne élue pour diriger une ville ou un village ?

Combien y a-t-il de minutes dans une demi-heure ?

Quelles couleurs doit-on mélanger pour obtenir de l'orange ?

Réponses

Au présent.

28.

2.

Les volcans.

Un solide.

Pink.

Réponses

Faux (c'est le point qui marque la fin d'une phrase).

32 €.

Un cauchemar.

Le maire.

30 minutes.

Du jaune et du rouge.

Questions

À quel temps est le verbe dans la phrase : « Louis attrape un papillon » ?

Combien une poule pond-elle d'œufs en quatre semaines si elle en pond 1 par jour ?

Combien est-on quand on est en « tête à tête » ?

Quelles montagnes peuvent parfois « cracher du feu » ?

En 6 lettres : se dit d'un objet que l'on peut prendre avec les doigts, car ce n'est ni un liquide ni un gaz.

Comment dit-on la couleur « rose » en anglais ?

Questions

Combien y a-t-il de G dans le mot « garage » ?

Quel nombre liras-tu sur une calculatrice si tu tapes dans cet ordre 1, 2 et 3 ?

Quel est le contraire de l'adjectif « ordonné » ?

Qu'est-ce qui a été fabriqué : les bananes, les chaussures ou l'eau ?

Vrai ou faux ? La poule est un oiseau.

Comment dit-on « non » en anglais ?

Réponses

A, E, I, O, U, Y.

2.

Un funambule.

Faux (au début, il était muet).

Dans deux heures.

Le chien d'Obélix.

Réponses

2 (**g**ara**g**e).

123.

Désordonné.

Les chaussures.

Vrai (elle fait partie
de l'ordre des gallinacés).

No.

Questions

Quelles sont les 6 voyelles de l'alphabet ?

Combien y a-t-il de centaines dans 248 ?

Comment appelle-t-on un acrobate qui marche sur un fil ?

Vrai ou faux ? Le cinéma a toujours été parlant.

S'il est 22 heures, dans combien de temps sera-t-il minuit ?

Dans les albums d'Astérix et Obélix, qui est Idéfix ?

Questions

Combien y a-t-il de lettres dans notre alphabet ?

Quel nombre se trouve juste avant 120 ?

Quel est le contraire du verbe « terminer » ?

Qu'est-ce qui ne tombe presque jamais dans un désert ?

Qu'indique la petite aiguille d'une montre : les heures ou les minutes ?

Le piano est-il un instrument à cordes, à vent ou à percussion ?

Réponses

Gentil.

99.

Faux (un voyou
est un vaurien).

Écluse (elle a été construite
par l'homme).

Faux (c'est pour isoler
le courant électrique
qu'ils contiennent).

Américaine.

Réponses

26.

119.

Commencer.

La pluie.

Les heures.

À cordes.

Questions

Trouve l'adjectif dans la phrase : « Cet animal est gentil. »

Je lis la page 100 d'un livre. Quel est le numéro de la page précédente ?

Vrai ou faux ? Voyou est le masculin du mot « voyelle ».

Trouve l'intrus : grotte, écluse, rivière, montagne.

Vrai ou faux ? Les fils électriques sont couverts de plastique pour les rendre beaux.

Le mot « blue-jean » est-il d'origine italienne, espagnole ou américaine ?

Questions

Comment appelle-t-on l'accent qui se trouve sur le E du mot « frère »?

Combien peut-il y avoir de pièces de 2 € dans 7 €?

Comment appelle-t-on la partie du pain qui se trouve sous la croûte?

Avec quoi faisait-on avancer les trains avant l'invention de l'électricité?

Quel instrument utilise-t-on pour tracer un angle droit?

Contre qui Astérix et Obélix se battent-ils régulièrement?

Réponses

2 (he**u**re**u**x).

100.

Un trône.

La Marseillaise (c'est l'hymne national de la France).

Vrai.

Les 3 petits cochons.

Réponses

L'accent grave.

0, 1, 2 ou 3.

La mie.

Du charbon.

Une équerre.

Les Romains.

Questions

Combien y a-t-il de U dans l'adjectif « heureux » ?

Combien y a-t-il d'unités dans une centaine ?

Sur quel siège s'installe un roi ?

Quelle est la chanson dont le refrain commence par : « Aux armes, citoyens ! Formez vos bataillons ! » ?

Vrai ou faux ? Il est 15 heures si la petite aiguille est sur le 3 et la grande sur le 12.

Qui sont Nif-Nif, Naf-Naf et Nouf-Nouf ?

Questions

Au pluriel, quelle est la dernière lettre du mot « hibou » ?

Quel est le plus petit nombre que l'on peut écrire avec les chiffres 8, 7 et 1 ?

Comment appelle-t-on un vélo à 3 roues ?

Que cultive un viticulteur ?

En 6 lettres : petite larve qui deviendra grenouille.

Comment dit-on « bonjour » en allemand ?

Réponses

En vacances, nous **avons fait** du sport chaque après-midi (ou : nous **faisions**).

50.

Bas.

Les torrents.

Vrai (grâce à la foudre).

L'Espagne.

Réponses

X (hibou**x**).

178.

Un tricycle.

La vigne.

Têtard.

Guten Tag.

Questions

Mets au passé la phrase :
« En vacances, nous faisons du sport chaque après-midi. »

Romain et Léa ont 85 images à eux deux. Si Romain en possède 35, combien en a Léa ?

Quel est le contraire de l'adjectif « haut » ?

Comment appelle-t-on les cours d'eau de montagne dont le courant est rapide ?

Vrai ou faux ? L'orage peut produire de l'électricité.

De quel pays la « paella » est-elle une spécialité ?

Questions

Remets dans l'ordre les mots de la phrase : aime - vacances - Il - les.

Laurène a 4 €. Elle achète un croissant à 1 € et une glace à 3 €. Combien lui reste-t-il ?

Les vaccinations sont-elles inscrites sur le carnet de beauté, de santé ou de notes ?

Vrai ou faux ? Le mammouth vivait pendant la préhistoire.

Qu'obtient-on en traçant un trait à la règle entre 2 points ?

Comment s'appelle le cheval de Lucky Luke ?

Réponses

« Est » (verbe « être »).

50 g.

Faux (il se déplace en voiture).

Du bétail (des animaux).

Des bois.

Buenos días.

Réponses

Il aime les vacances.

0 €.

Le carnet de santé.

Vrai.

Un segment de droite.

Jolly Jumper.

Questions

Trouve le verbe dans la phrase « Il est très heureux à la ferme.

Combien pèse environ une balle de tennis : 50 kg, 50 g ou 50 t ?

Vrai ou faux ? Un automobiliste se déplace à vélo.

Sur une route, que transporte une bétaillère ?

Que porte le cerf sur sa tête ?

Comment dit-on « bonjour » en espagnol ?

Questions

Comment écris-tu le nombre 16 en lettres ?

Vrai ou faux ?
48 + 2 = 50 + 2.

À quoi sert un éventail ?

Qu'est-ce qui a été construit par les hommes : le pont, la rivière ou la vallée ?

Quelle partie de ton corps dois-tu remplir d'air pour respirer ?

Le mot « week-end » est-il d'origine anglaise, espagnole ou allemande ?

Réponses

W (clo**w**n).

535.

Dans l'eau.

Des chiffons ou des objets abandonnés dans les rues.

Aucune
(c'est la même heure).

Sur un bouclier.

Réponses

S.E.I.Z.E.

Faux.

À produire de l'air
pour se rafraîchir.

Le pont.

Les poumons.

Anglaise.

Questions

Quelle est l'avant-dernière lettre du mot « clown » ?

Que devient le nombre 735 si tu lui enlèves 2 centaines ?

Où te trouves-tu si tu dis que tu n'as « plus pied » ?

Que récupérait autrefois un chiffonnier pour les vendre ?

Quelle est la différence entre 7 h 30 et sept heures et demie ?

Sur quel objet le chef du village d'Astérix est-il transporté ?

Questions

Combien y a-t-il de R dans le mot « terrible » ?

Calcule : 3 x 7.

Où travaille un bûcheron ?

Comment appelle-t-on les premiers hommes qui ont vécu sur notre planète ?

Quelle heure sera-t-il si tu ajoutes trente minutes à 4 heures ?

Vrai ou faux ? Tintin a réellement existé.

Réponses

N (tobogga**n**).

6.

Belle.

Midi.

Faux (certaines espèces, comme l'edelweiss, sont protégées).

Fish.

Réponses

2 (te**rr**ible).

21.

Dans la forêt
(ou dans les bois).

Les hommes
préhistoriques.

4 h 30.

Faux (c'est un personnage
de bande dessinée).

Questions

Par quelle lettre se termine le mot « toboggan » ?

Combien y a-t-il d'œufs dans une demi-douzaine ?

Quel est le féminin de l'adjectif « beau » ?

Trouve l'intrus : Nord, Sud, Midi, Est, Ouest.

Vrai ou faux ? On a le droit de cueillir toutes les fleurs.

Comment dit-on « poisson » en anglais ?

Questions

Par quelle lettre commence le
« girafe » : J ou G ?

Quel est le plus petit nombre
que tu peux écrire avec
les chiffres 5, 7 et 2 ?

Que signifie l'expression
« être dans les nuages » ?

Quel fleuve coule à Paris ?

Comment appelle-t-on
la maison des abeilles ?

Comment dit-on la couleur
« bleu » en anglais ?

Réponses

1 (immen**s**e).

200.

L'annuaire.

Faux (on en mangeait beaucoup plus).

La longueur.

Le football.

Réponses

G (**g**irafe).

257.

Être rêveur, distrait.

La Seine.

La ruche.

Blue.

Questions

Combien y a-t-il de S dans l'adjectif « immense » ?

Complète : 336 = 136 +...

Dans quel gros livre peut-on trouver tous les numéros de téléphone ?

Vrai ou faux ? Autrefois, on mangeait moins de soupe qu'aujourd'hui.

Comment appelle-t-on le plus grand côté d'un rectangle ?

Quel sport pratiquait Zinedine Zidane ?

Questions

Dans l'alphabet, quelles sont les 2 lettres qui encadrent le V ?

Tu achètes un ballon à 3 € et des lunettes de soleil à 11 €. Combien as-tu dépensé ?

Vrai ou faux ? Quelqu'un « qui n'a pas froid aux yeux » est quelqu'un qui ne s'enrhume jamais.

Le cinéma a-t-il été inventé avant ou après la télévision ?

Lequel de ces objets a une forme plane : le ballon, la boîte ou la feuille de papier ?

Combien le violon a-t-il de cordes ?

Réponses

Nous **mangeons** des abricots

124, 142, 214.

Le bâtiment où vivent
les moutons.

Un pic.

Faux.

Les Portugais.

Réponses

U et W.

14 €.

Faux (c'est quelqu'un de courageux).

Avant (en 1895, par les frères Lumière).

La feuille de papier.

4.

Questions

Mets au présent la phrase : « Nous mangerons des abricots. »

Range du plus petit au plus grand : 124, 214, 142.

Qu'est-ce qu'une bergerie ?

Comment appelle-t-on le sommet d'une montagne : un bic, un pic ou un tic ?

Vrai ou faux ? La brochette est la femelle du brochet.

Comment appelle-t-on les habitants du Portugal ?

Questions

Lequel de ces mots commence par la même lettre que « poulet » : bout, prince ou balai ?

Victor s'est baigné dans la piscine de 13 heures à 15 heures. Combien de temps y est-il resté ?

Vrai ou faux ? Le héros est le personnage principal d'une histoire.

Comment s'appelle l'artisan qui travaillait autrefois le fer ?

Que peux-tu lire sur ta règle : des centimètres, des mètres ou des kilomètres ?

Quel nom donne-t-on aux fils tendus sur une guitare ?

Réponses

Grimace.

4 x 48.

Un meunier ou une meunière.

Le XIXe siècle.

Le mesurer.

7 (*do, ré, mi, fa, sol, la, si*).

Réponses

Prince.

Deux heures.

Vrai.

Le forgeron.

Des centimètres.

Les cordes.

Questions

Lequel de ces mots rime avec « limace » : grimace, lime ou masque ?

Quelle multiplication est égale à : 48 + 48 + 48 + 48 ?

Comment appelle-t-on une personne qui travaille dans un moulin ?

Quel siècle précède le xxe siècle ?

Que faut-il faire pour connaître la longueur exacte d'un objet ?

Combien y a-t-il de notes de musique ?

Questions

Épelle le mot « verre » quand il désigne l'objet dans lequel tu bois.

Cite les valeurs des différents billets en euros.

Comment appelle-t-on les petites fenêtres rondes d'un bateau ?

Quel mot ne désigne pas un relief du paysage : arbre, colline ou plaine ?

Que mangent la plupart des oisillons ?

Le mot « pizza » est-il d'origine anglaise, allemande ou italienne ?

Réponses

Il.

6 + 8 (= 14).

Le titre.

Une carte routière.

De la farine.

Vrai.

Réponses

V.E.R.R.E.

5, 10, 20, 50, 100, 200, 500.

Les hublots.

Arbre.

Des insectes
et des vers apportés
par leurs parents.

Italienne.

Questions

Quel est le sujet de la phrase « Non, lui dit-il » ?

Laquelle de ces additions a le plus grand résultat : 7 + 6, 7 + 4 ou 6 + 8 ?

Comment appelle-t-on le nom donné à un livre ou à un film ?

Qu'emporte-t-on pour se diriger en voiture : une mappemonde, une légende ou une carte routière ?

Qu'obtient-on en écrasant des grains de blé ?

Vrai ou faux ? Les glaces sont une spécialité italienne.

Questions

Quelle est la dernière lettre du mot « bateau » au singulier ?

Justine a perdu 13 billes. Il lui en reste 15. Combien en avait-elle au départ ?

Comment appelle-t-on un magasin où l'on vend principalement des gâteaux ?

De qui ton grand-père maternel est-il le père ?

Quelle énergie fait fonctionner le téléphone ?

Où peux-tu voir des films sur grand écran ?

Réponses

O.I.S.E.A.U.

10.

Bulle.

Faux.

La pyramide.

2.

Réponses

U (bateau).

28.

Une pâtisserie.

De ta mère.

L’électricité.

Au cinéma.

Questions

Épelle le mot « oiseau ».

Complète : 28 = 10 + 8 +...

En 5 lettres : endroit où est écrit le texte dans une bande dessinée.

Vrai ou faux ? Quand tes grands-parents étaient enfants, Internet existait.

Lequel de ces volumes aura une forme d'étoile si on le déplie : la pyramide, le cube ou le cylindre ?

À combien joue-t-on aux dames ?

Questions

Par quelle lettre commence le mo
« histoire » ?

Complète : 484 = 280 +...

Trouve l'intrus : fermer, fermier, fermeture.

Classe du plus grand au plus petit : mer, lac, océan.

Qu'est-ce qui fait voler un cerf-volant ?

Comment dit-on « chat » en anglais ?

Réponses

Hier, je ne m'en **souvenais** pa

6.

Minimum.

Faux.

Les dents de lait.

Les Espagnols.

Réponses

H (**h**istoire).

204.

Fermier.

Océan, mer, lac.

Le vent.

Cat.

Questions

Corrige la phrase : « Hier, je ne m'en souviendais pas. »

Sur un dé, quel est le plus grand chiffre possible ?

Quel est le contraire du mot « maximum » ?

Vrai ou faux ? Les hommes ont déjà marché sur Mars.

Comment appelle-t-on les premières dents d'un enfant ?

Comment s'appellent les habitants de l'Espagne ?

Questions

En 2 lettres : mot qui signifie « avec » (ou « en plus »).

Clara est rentrée de la plage à 17 h 55, Sophie à 18 h 10 et Martin à 18 h 05. Qui est arrivé le deuxième ?

En 6 lettres : on l'écrit pour donner de ses nouvelles.

Qu'inscrit-on sur une frise chronologique ?

Vrai ou faux ? Marie peut acheter du pain à 13 h 40 si la boulangerie ferme à 13 h 30.

Quel héros de bande dessinée ressemble à une chauve-souris ?

Réponses

Je vais **m'asseoir** sur la balançoire.

28, 30, 32… (on compte de 2 en 2).

… triplés. »

La Bretagne.

Faux (il y a des exceptions, l'ornithorynque et les échidnés, qui sont ovipares).

A book.

Réponses

Et.

Martin.

Lettre.

Des dates
et les événements
qui leur sont associés.

Faux (la boulangerie est
fermée depuis dix minutes).

Batman.

Questions

Corrige la phrase : « Je vais m'assire sur la balançoire. »

Continue cette suite de nombres : 22, 24, 26…

Complète la phrase : « Une femme qui attend 3 bébés en même temps attend des…

Quelle région de France est habitée par les Bretons ?

Vrai ou faux ? Les mammifères pondent des œufs.

Comment dit-on « un livre » en anglais ?

Questions

Épelle le verbe dans la phrase : « Les enfants jouent dans les dunes. »

Quel nombre de 3 chiffres obtient-on en n'utilisant que des 8 ?

Vrai ou faux ? Le loup est un animal domestique.

Lequel de ces cours d'eau se jette dans la mer : le ruisseau, le fleuve ou la rivière ?

Par où sort le lait de la vache ?

Comment dit-on « chien » en anglais ?

Réponses

P.O.R.C.

73.

Danseuse.

Juin (à partir du 22), juillet, août et septembre (jusqu'au 21).

Celle de 1 m.

… barbichette. »

Réponses

J.O.U.E.N.T.

888.

Faux (c'est un animal sauvage).

Le fleuve.

Le pis.

Dog.

Questions

Épelle le mot « porc » quand il désigne un animal.

Quel nombre n'est pas à sa place : 68, 69, 73, 70, 71, 72 ?

Quel est le féminin du mot « danseur » ?

Quels sont les mois d'été ?

Quelle canne est la plus longue : celle de 80 cm, celle de 20 cm ou celle de 1 m ?

Complète la comptine : « Je te tiens, tu me tiens par la…

Questions

Mets la phrase à la forme nég
« Vous êtes des tricheurs. »

Lequel de ces nombres se trouve entre 800 et 900 : 684, 88 ou 880 ?

Vrai ou faux ? Une épuisette est une petite fille qui est épuisée.

Qu'est-ce qu'un parcours : un itinéraire, un inventaire ou une échelle ?

Comment appelle-t-on les animaux qui mangent uniquement de l'herbe et des plantes ?

Comment dit-on la couleur « noir » en anglais ?

Réponses

3 (**pi-ra-te**).

Faux (il te faut 7 €).

Avoir très faim.

À la montagne.

De la viande.

Ja.

Réponses

Vous **n'**êtes **pas** des tricheurs.

880.

Faux (c'est un petit filet pour la pêche).

Un itinéraire.

Les herbivores.

Black.

Questions

Combien y a-t-il de syllabes dans le mot « pirate » ?

Vrai ou faux ? Si tu as 6 €, tu peux acheter un masque à 4 € et un tuba à 3 €.

Que signifie l'expression « Avoir une faim de loup » ?

Où fait-on généralement de l'escalade : au bord de la mer, à la montagne ou à la ville ?

Que mange un animal carnivore ?

Comment dit-on « oui » en allemand ?

Questions

Lequel de ces 2 mots est un verbe : « on » (sans T) ou « ont » (avec un T) ?

Combien Enzo a-t-il dépensé au marché si on lui rend 7 € sur un billet de 20 € ?

Comment appelle-t-on un commerçant qui vend de la viande ?

De quelle qualité fais-tu preuve lorsque tu dis bonjour ?

Vrai ou faux ? Peser un objet permet de connaître son poids exact.

Qu'est-ce qu'un harmonica ?

Réponses

Nous allons **chez** le coiffeur.

Vrai (6).

Petit.

Bougie, lampe à pétrole, ampoule électrique.

Julio.

Le lièvre.

Réponses

« Ont » avec un T (verbe « avoir

13 €.

Un boucher.

De politesse (ou de civilité).

Vrai.

Un instrument de musique.

Questions

Corrige la phrase :
« Nous allons au coiffeur. »

Vrai ou faux ?
3 x 2 est égal à 3 + 3.

Quel est le contraire
de l'adjectif « grand » ?

Classe ces inventions
dans l'ordre chronologique :
ampoule électrique, bougie,
lampe à pétrole.

Qui a gagné en endurance si
Marie court pendant dix-huit
minutes et Julio pendant
vingt et une minutes ?

Qui a les oreilles
les plus longues :
le lièvre ou le lapin ?

Questions

Mets au pluriel la phrase :
« L'ours est fort. »

Quel nombre dois-tu ôter
à 325 pour obtenir 301 ?

Quel est le contraire
de l'adjectif « gigantesque » ?

Quel fruit récolte-t-on
pendant les vendanges ?

Vrai ou faux ? Le goéland
est un oiseau de montagne.

Le mot « parking » est-il
d'origine belge, anglaise
ou espagnole ?

Réponses

Faux (ils sont rangés dans l'ordre alphabétique).

1.

Sur le sol.

Déjeuner.

Ils sont en équilibre.

Minuit.

Réponses

Les ours **sont** fort**s**.

24.

Minuscule.

Le raisin.

Faux (c'est un oiseau de mer).

Anglaise.

Questions

Vrai ou faux ? Dans le dictionnaire, les mots sont rangés dans le désordre.

Calcule : 16 – 15.

Où es-tu lorsque tu es « sur le plancher des vaches » ?

Quelle activité est quotidienne : déjeuner ou fêter son anniversaire ?

S'il y a la même masse de chaque côté, comment sont les plateaux d'une balance ?

Dans le conte, avant quelle heure Cendrillon doit-elle impérativement rentrer ?

Questions

Au pluriel, quelle lettre ajoute-t-on souvent à la fin d'un mot ?

Je suis un nombre entre 40 et 50. La somme de mes 2 chiffres fait 6. Que suis-je ?

Que signifie le verbe « ligoter » ?

Vrai ou faux ? Sur le plan d'une ville, le nom des magasins est indiqué.

Quel animal appelle-t-on aussi « cochon sauvage » ?

Comment dit-on « fille » en anglais ?

Réponses

T.R.E.N.T.E.

15.

Un mensuel.

Faux (c'est un milieu humide).

Un liquide.

Apple.

Réponses

S.

42.

Attacher solidement.

Faux.

Le sanglier.

Girl.

Questions

Comment écris-tu le nombre 30 en lettres ?

Basile avait 18 bonbons. Il en a mangé 3. Combien lui en reste-t-il ?

Comment appelle-t-on un journal qui paraît 1 fois par mois ?

Vrai ou faux ? Un marécage est un milieu sec.

Comment appelle-t-on une matière qui coule ?

Comment dit-on « pomme » en anglais ?

Questions

Corrige la phrase : « Aujourd'hui, il vient pas avec moi au manège. »

Vrai ou faux ? 1 kg de farine est plus lourd que 2 plaquettes de 250 g de beurre.

À quelle lettre doit-on chercher le nom « habit » dans le dictionnaire ?

Combien de mois dure une saison ?

Quelle figure obtiens-tu en traçant le contour de ton double décimètre ?

Pour fabriquer un cerf-volant, faut-il utiliser du papier lourd ou léger ?

Réponses

Aujourd'hui.

0.

Le maçon.

Vrai.

Un triangle.

La.

Réponses

Aujourd'hui, il **ne** vient pas avec moi au manège.

Vrai (1 kg = 4 x 250 g).

H.

Trois mois.

Un rectangle.

Du papier léger.

Questions

Quand se passe le temps du présent : hier, aujourd'hui ou demain ?

Complète : 36 = 36 +... ?

Quel artisan utilise une truelle : le plombier, le maçon ou le menuisier ?

Vrai ou faux ?
En France, le président de la République est le chef de l'État.

Quelle figure géométrique trace-t-on avec 3 segments ?

Quelle note de musique suit *sol* ?

Questions

Épelle le mot « loup ».

Cite les valeurs des différentes pièces de centimes d'euros.

Lequel de ces personnages est imaginaire : le banquier, l'ogre ou le médecin ?

Qu'est-ce qu'un plan indique : la position d'un objet, son épaisseur ou son poids ?

D'où sort un poussin quand il naît ?

Comment dit-on « jouer » en anglais ?

Réponses

Au futur.

8.

Vrai.

Île.

Le coude.

Bird.

Réponses

L.O.U.P.

1, 2, 5, 10, 20 et 50.

L'ogre.

La position d'un objet.

De l'œuf.

To play.

Questions

À quel temps est le verbe dans la phrase : « Valentine ira à la piscine » ?

Quelle est la moitié de 16 ?

Vrai ou faux ? L'eau que l'on peut boire est de l'eau potable.

En 3 lettres : étendue de terre entourée d'eau.

Comment appelle-t-on l'articulation située entre le bras et l'avant-bras ?

Comment dit-on « oiseau » en anglais ?

Questions

Quelle est la dixième lettre de l'alphabet ?

Romain reçoit de ses parents 8 € par mois. Combien d'euros aura-t-il au bout de trois mois ?

De quel verbe est tiré le nom commun « coupure » ?

En France, les voitures roulent-elles à droite, à gauche ou au milieu de la route ?

Classe du plus long au plus court :
vingt minutes, vingt heures, vingt secondes.

Combien y a-t-il de musiciens dans un trio ?

Réponses

Y.

80, 100, 120...
(on compte de 20 en 20).

Un ordinateur.

Faux (c'est la Terre
qui tourne autour du Soleil).

La carotte.

L'Australie.

Réponses

J.

24 €.

Couper.

À droite.

Vingt heures, vingt minutes, vingt secondes.

3.

Questions

Quelle est l'avant-dernière lettre de l'alphabet ?

Continue cette suite de nombres : 20, 40, 60…

Sur quelle machine travaille principalement un informaticien ?

Vrai ou faux ? Le Soleil tourne autour de la Terre.

Lequel de ces aliments contient le plus de vitamines : le bonbon, la carotte ou la boisson gazeuse ?

Dans quel pays de langue anglaise les kangourous vivent-ils en liberté ?

Questions

Mets au futur la phrase :
« Tu prends l'avion. »

Trouve 2 additions de 2 chiffres dont la somme est 10.

Comment appelle-t-on un texte qui explique comment faire un plat ou un gâteau ?

Vrai ou faux ? La France fait partie de l'Europe.

Lequel de ces animaux a la peau lisse : la grenouille ou le crapaud ?

Comment dit-on « bonne nuit » en anglais ?

Réponses

« ai » (verbe « avoir »).

Vingt-quatre et quatre-vingts.

Une écharde.

Pain.

Faux (on obtient
2 rectangles ou 2 triangles).

Au chat.

Réponses

Tu **prendras** l'avion.

5 + 5 ou 6 + 4 ou 8 + 2
ou 3 + 7 ou 9 + 1.

Une recette (de cuisine).

Vrai.

La grenouille.

Good night.

Questions

Quel est le verbe dans
la phrase : « J'ai des palmes »

Quels sont les 2 nombres
qui ne s'écrivent qu'avec
« vingt » et « quatre » ?

Qu'attrape-t-on parfois
en touchant du bois :
une écharde, une écharpe
ou une aiguille ?

En 4 lettres : autrefois,
en France, principal
aliment du repas.

Vrai ou faux ? En pliant
une feuille carrée en 2,
on obtient 2 carrés.

Lorsqu'on ne trouve pas
la réponse à une devinette,
à qui donne-t-on
sa langue ?

Questions

Combien y a-t-il de P dans le verbe « apporter » ?

Combien de pièces de 2 € Grégoire doit-il échanger pour avoir 4 pièces de 50 centimes ?

Trouve l'intrus : album, alarme, alarmant.

Vrai ou faux ? C'est en été que les jours sont les plus longs.

1 kg de pommes de terre est-il plus lourd, moins lourd ou aussi lourd que 1 kg de raisin ?

Dans le dessin animé de Walt Disney, quel animal incarne Robin des bois ?

Réponses

Je **suis passé(e)** par la plage avant de venir.

Faux
(32 + 32 + 32 = 96
et 32 x 32 = 1 024).

Vrai.

La frontière.

Le cacaoyer.

Vrai.

Réponses

2 (a**pp**orter).

1.

Album (il n'est pas de la même famille que le mot « alarme »).

Vrai.

Aussi lourd.

Un renard.

Questions

Corrige la phrase : « J'ai passé par la plage avant de venir. »

Vrai ou faux ? 32 + 32 + 32 égale 32 x 32.

Vrai ou faux ? La définition d'un mot se trouve dans un dictionnaire.

Comment appelle-t-on la limite entre 2 États ?

Quel arbre produit les fèves de cacao, qui permettent de fabriquer le chocolat ?

Vrai ou faux ? Picasso était un peintre.

Questions

Par quelle lettre commence le mot « photo » ?

Combien y a-t-il de centaines, de dizaines et d'unités dans 308 ?

Quel est le contraire de l'adjectif « heureux » ?

Où vivent la plupart des Français : dans les villes ou dans les campagnes ?

Comment appelle-t-on le dessous du pied ?

Comment dit-on « Joyeux anniversaire » en anglais ?

Réponses

Pour endormir un enfant,
on lui chante une **b**erceuse.

7.

Des yeux.

À la gare.

La racine.

Dad ou *daddy.*

Réponses

P (**p**hoto).

3 centaines, 0 dizaine
et 8 unités.

Malheureux.

Dans les villes.

La plante du pied.

Happy birthday.

Questions

Corrige la phrase : « Pour endormir un enfant, on lui chante une perceuse. »

Combien y a-t-il pour aller de 55 à 62 ?

Quel est le pluriel de « un œil » ?

Où doit-on se rendre pour prendre le train ?

La pomme de terre est-elle : la racine, la tige ou le fruit de la plante ?

Comment dit-on « papa » en anglais ?

Questions

Quelle est la place de la lettre K dans l'alphabet ?

Combien dois-tu ajouter à 290 pour obtenir 300 ?

Comment dit-on en langage plus soigné « avoir les chocottes » ?

En France, à quel âge devient-on majeur ?

Qu'est-ce que l'« œil » d'un appareil photo : l'objectif ou l'endroit où tu appuies ?

Vrai ou faux ? Le chien de Tintin s'appelle Rantanplan.

Réponses

X (genou**x**).

0.

… d’éléphant. »

Janvier, avril, juillet, novembre.

9 h 15 ou 21 h 15.

Une chèvre.

Réponses

C'est la 11e place.

10.

Avoir peur.

18 ans.

L'objectif.

Faux (il s'appelle Milou).

Questions

Au pluriel, quelle est la dernière lettre du mot « genou » ?

Quel est le chiffre qui vient juste avant 1 ?

Complète l'expression : « avoir une mémoire...

Range dans l'ordre du calendrier : juillet, novembre, janvier, avril.

Quelle heure est-il quand la petite aiguille est sur le 9 et la grande sur le 3 ?

Quel animal M. Seguin possédait-il ?

Questions

Épelle le mot « canard ».

Quel est le nombre le plus grand : 321, 123 ou 213 ?

Comment appelle-t-on le petit de la chatte ?

Se baigne-t-on plutôt dans une eau à 5 °C, à 15 °C ou à 25 °C ?

Vrai ou faux ? Il existe un oiseau qui s'appelle le martinet.

Le « gaspacho » est-il une spécialité française, espagnole ou italienne ?

Réponses

S (trou**s**).

482.

Des légumes.

Une montagne.

Faux (après chaque repas).

Vrai (elle s’appelle Élisabeth II).

Réponses

C.A.N.A.R.D.

321.

Le chaton.

25 °C.

Vrai.

Espagnole.

Questions

Au pluriel, quelle est la dernièr
lettre du mot « trou » ?

Je suis un nombre
à 3 chiffres : un 4 avant
le 8 et un 2 après le 8.
Que suis-je ?

Que cultive le maraîcher :
des fleurs, des légumes
ou des fruits ?

En général, que traverse
un tunnel : un lac,
une vallée
ou une montagne ?

Vrai ou faux ? Tu dois
te brosser les dents avant
chaque repas.

Vrai ou faux ? Il y a
une reine au Royaume-Uni.

Donnez votre avis sur cet éventail sur http://enquetes.playbac.fr et gagnez un Incollable Mousqueton de votre choix (si vous faites partie des 20 premières réponses).

Ont contribué à cet ouvrage :
Adhoc, G. de la Bretesche, A. Breuil, J.-L. Broust, M. Gaudard, M. Girard, E. d'Harcourt, C. Jahan, A. Joncheray, B. Legendre, É. Leplat, L. Maj, E. Malandin, F. Malbert, F. Michaud, F. Moreau, L. Pasquini, A. Pédrola, C. Pfeffer, M. Priser, A. Pichlak, C. Rahamefy, C. Schram, M. Seger, V. Sem, K. Van Wormhoudt, M.-F. Wolfsperger, E. Roc et C. Liauté pour Roc Prepresse, et Appoline Harel pour les illustrations.

33, rue du Petit-Musc
75004 Paris
www.playbac.fr

Dépôt légal : mai 2011.
Imprimé en Chine.

ISBN : 9782809645248

Loi n° 49956 du 16 juillet 1949 sur les publications destinées à la jeunesse.

TOUT LE PROGRAMME SCOLAIRE
DANS LES INCOLLABLES CE2
NOUVELLE EDITION
CE2
8-9 ANS
Les incollables
1000 QUESTIONS RÉPONSES
pour stimuler ses neurones !
CE2
8-9 ANS
Les incollables
1000 QUESTIONS RÉPONSES
stimuler ses neurones !
Retrouve 1000
autres questions

Modèle déposé Play Bac

360 QUESTIONS
AMUSANTES POUR
PRÉPA

Retrouve aussi tout le programme du CE2 en 1000 autres questions !

Prix France TTC
6,90 €

CRÉATION
playBac

Viens vite jouer sur
www.lesincollables.com !

9 782809 645248
0511
Diffusion Hatier Code 4430468